Guía de lectura

Escrita por Sabrina Zoubir
Traducida por Laura Bernal Martín

Brooklyn Follies

de Paul Auster

PAUL AUSTER

ESCRITOR NORTEAMERICANO

- **Nacido el 3 de febrero de 1947 en Newark (Nueva Jersey)**
- **Algunas de sus obras:**
  - *El palacio de la luna* (1989), novela
  - *Leviatán* (1992), novela
  - *Brooklyn Follies* (2005), novela

Paul Auster nació el 3 de febrero de 1947 en Newark, y es considerado uno de los escritores estadounidenses preferido por los españoles. Tras sus estudios de letras en la universidad de Columbia en Nueva York, comienza su carrera literaria traduciendo a autores francófonos como Stéphane Mallarmé (poeta francés, 1842-1898), Georges Simenon (escritor belga, 1903-1989), o incluso a Jean-Paul Sartre (filósofo y escritor francés, 1905-1980). Antes de acudir a la universidad, el escritor viajó por Europa: Francia, España, Italia e Irlanda fueron algunos de los países que visitó durante su periplo.

Comenzó a escribir con trece años y, entre 1967 y 1979, escribía guiones de películas mudas, poesía y obras de teatro. En 1987, con la publicación de *La trilogía de Nueva York* (novela que rechazaron una decena de editoriales), Paul Auster se convierte por fin en un escritor con un hueco en el panorama literario. A partir de ahí encadena un éxito tras otro, de *El palacio de la luna* (1989) a *Brooklyn Follies* (2005), pasando por *Leviatán* (1992), *Mr. Vértigo* (1994) o *El libro de las ilusio-*

nes (2002). Sus obras tienen predilección por temas como la búsqueda de la identidad, la soledad, la muerte, o incluso la ciudad de Nueva York.

BROOKLYN FOLLIES

UN MOSAICO DE EXISTENCIAS NEOYORQUINAS

- **Género**: novela
- **Edición de referencia**: Auster, Paul. 2006. *Brooklyn Follies*. Traducido por Benito Gómez Ibáñez. Barcelona: Editorial Anagrama
- **Primera edición**: 2005
- **Temáticas**: amor, familia, Nueva York, muerte, fraternidad, política, divorcio

No nos confundamos: tras la aparente banalidad de los personajes y la acumulación de peripecias a cada cual más vulgar, se esconde en realidad una novela casi construida sobre un trasfondo político. De hecho, la historia hace referencia en varias ocasiones a la elección del presidente George W. Bush (político estadounidense, nacido en 1946) y se desarrolla en la Nueva York de antes del 11 de septiembre de 2001.

Si bien es cierto que el relato no describe la tragedia que vivieron los habitantes de la ciudad ese día, concluye a las ocho en punto de la mañana de los atentados. Tras haberse rodeado durante toda la novela de personajes enfrentados a situaciones a menudo difíciles y, sin embargo, completamente normales (divorcio, enfermedad, desilusión), nos parecería casi que el *happy end* es excesivo. Sin embargo, este final demasiado feliz podría perfectamente haber sido orquestado a propósito por el autor para así crear un

enorme contraste una vez nos damos cuenta de la tragedia
que está a punto de desencadenarse.

RESUMEN

UNA FAMILIA ROTA

Tras la repentina muerte de su hermana June debido a una hemorragia cerebral, la familia de Nathan se rompe definitivamente. Nathan es el narrador, un hombre que vive en Nueva Jersey, está divorciado y es padre de Rachel, hija única. Sin embargo, el recuerdo de su sobrino favorito, Tom, nunca le ha abandonado y, convencido desde siempre de que le esperaba un brillante futuro, Nathan se da de bruces con la realidad cuando, siete años más tarde, se lo encuentra por casualidad de cajero en una librería.

Después de haber trabajado toda su vida en una compañía de seguros, a los sesenta años Nathan sufre un cáncer de pulmón en remisión. Como ya no tiene a nadie a su lado, toma la decisión de «busca[r] un sitio tranquilo para morir» (Auster 2006, cap. *Obertura*) y elige Brooklyn, el barrio de su infancia que tantos recuerdos le trae. Almuerza todos los días en el *Cosmic Dinner* para entretenerse, y se encapricha por una camarera puertorriqueña, Marina. También avanza en el proyecto cuando menos especial de escribir *El libro del desvarío humano*, una obra en la que plasmará «cada equivocación, torpeza y batacazo, [...] cada insensatez, flaqueza y disparate» (*ib.*) que haya cometido o del que haya sido testigo.

Por ello, su encuentro con Tom es igualmente agradable. Este le explica a su tío por qué decidió abandonar sus brillantes estudios para hacerse taxista y, posteriormente, para aceptar su puesto actual en la librería de segunda mano de Harry Brightman. Tom le presenta a Harry a su tío, y los tres congenian tan bien que Harry le revela de buenas a primeras a Nathan las numerosas peripecias que ha vivido, habiendo antes contado Tom, con todo detalle, los pasatiempos tan cuestionables como rocambolescos de su jefe, un ex preso aficionado a traficar con obras de arte.

Atraído por la paradójica y atractiva personalidad de este tierno maleante, Nathan se queda preocupado, sin embargo, por su riña con Rachel. Por su parte, Tom tiene problemas con su hermana Aurora, a la que perdió de vista hace mucho tiempo: ha descubierto fotos suyas en una revista pornográfica, pero la inestable relación que les une no le permite ayudarla de verdad. A pesar de que el vínculo se mantiene fuerte, cada vez que Aurora aparece en la vida de Tom vuelve a esfumarse enseguida. En ese momento no sabe nada de ella, solo que acaba de salir de una clínica de desintoxicación y que se ha instalado con su hija Lucy en Filadelfia, en casa de su nuevo marido, David Minor, un extraño hombre con dudosas creencias religiosas.

EL HOTEL EXISTENCIA

Para olvidar los disgustos de su hermana y sus propios fracasos, Tom fantasea con H. M. P., la Hermosa Madre Perfecta, una hermosa mujer morena a la que ve todas las mañanas cuando esta acompaña a sus hijos a la escuela, y que en realidad se llama Nancy Mazzucchelli, tal y como descubrirá gracias a Nathan, que dará por él el primer paso.

Nathan, Tom y Harry quedan en un restaurante. Tom está

deprimido y desearía dejarlo todo, y la conversación acaba derivando en cómo los tres hombres a veces son capaces, por medio de la imaginación, de reírse de su gris día a día. Harry, por ejemplo, llamaba a su remanso de paz «el Hotel Existencia». Poco a poco, comienza a formular el proyecto de comprar un terreno en el campo y crear este hotel de verdad.

Para acometer esta tarea, sin embargo, necesita dinero, y cuando se trata de poner en marcha un nuevo engaño Harry nunca se queda atrás. Ha vendido durante años falsificaciones de cuadros de artistas reconocidos que pintaba el talentoso Gordon, su ex amante. Aunque quería a este último, no dudó en denunciarle ante la policía cuando le arrestaron. Gordon ingresó en la cárcel, pero fue liberado más tarde. Harry desea aliarse de nuevo con él, esta vez para producir manuscritos falsificados. Teniendo en cuenta que la idea proviene de Gordon, Nathan le dice a Harry que probablemente se trate de una trampa para calmar su sed de venganza, pero este último no quiere creérselo.

UNA LLEGADA INESPERADA

Cuando Tom lleva muchos meses sin noticias de su hermana, su pequeña sobrina de nueve años, Lucy, llega a su casa sin dar explicaciones. Sumida en un inquietante mutismo, la niña deja en el aire numerosas preguntas sin respuesta: ¿cómo ha conseguido encontrarle? ¿Dónde está su madre? No será hasta más tarde que Nathan descubrirá que Aurora está en Carolina del Sur y que el loco de su marido, un fanático adoctrinado por el gurú de una secta, la tiene encerrada en su propia casa. Nathan le propone a su sobrino que Lucy se quede con él. Como Tom no puede quedarse con ella, acepta. La niña se encariña rápidamente con sus dos tíos, pero, con el fin de encontrarle un sitio más estable, Nathan propone llevarla provisionalmente a casa de Pamela, la hermanastra de Tom, que vive en Vermont.

Pamela acepta y, unos días más tarde, Nathan, Tom y la niña se ponen en marcha rumbo al norte. En el asiento de atrás del coche, Lucy trama un maquiavélico plan para interrumpir el trayecto: aprovechar la parada en una estación de servicio de la autopista para llenar el depósito de gasolina con Coca-Cola. Su plan funciona y, como el vehículo ya no arranca, Tom y Nathan se ven obligados a pasar algunas noches en un albergue mientras reparan el coche. Les recomiendan el albergue de un tal Stanley, que acepta reabrir su establecimiento al público por primera vez tras el fallecimiento de su mujer. Ya en la primera tarde de su estancia, y debido a la inapropiada actitud que muestra Pamela cuando le comunican la desventura, Nathan decide no confiarle a Lucy. En el albergue conocen a Honey, la hija de Stanley. Aunque no es en absoluto su tipo, Tom le deja sus datos de contacto. Volverá verla, y su encuentro acabará en boda. Más tarde, nacerá su primer hijo.

La estancia concluye de forma brutal cuando les llega una noticia abrumadora: el fallecimiento de Harry. Inmediatamente, Nathan relaciona su repentina muerte con la historia de los manuscritos falsificados. Para él, se trata de una encerrona. Supone que Gordon y su socio han asesinado al pobre Harry. Esta hipótesis le será en parte confirmada por Rufus, testigo de la agitada discusión que ambos estafadores mantuvieron con la víctima. En su visita a la librería, los dos hombres intentaron intimidar a Harry: o aceptaba que regresaran al día siguiente con un camión de mudanzas para vaciar la librería (cuyo contenido vale una buena fortuna), o bien le denunciarían ante la policía por fraude. Herido por la despreciable traición de su ex amante, Harry les persigue gritando antes de desvanecerse en plena calle. No volverá a levantarse.

Nathan encuentra el rastro de Aurora y la lleva de vuelta a Nueva York. Entre tanto, se ha hecho amigo de Joyce Mazzucchelli, la madre de la H. P. M., que le propone alojar a Aurora y a Lucy en su casa. Nancy y Aurora se enamoran y forman una pareja feliz. Nathan, en adelante pareja de Joyce, se reconcilia por fin con su hija Rachel. El final parece, por tanto, idílico. Sin embargo, la novela finaliza en las calles de Nueva York, el 11 de septiembre de 2001, a las ocho de la mañana.

ESTUDIO DE LOS PERSONAJES

NATHAN GLASS

Nathan es el narrador de la historia. Ya en las primeras páginas esboza un retrato de sí mismo poco halagador al describirse como un marido infiel, un mal padre («Por lo que dice Rachel, como padre tampoco he sido gran cosa», Auster 2006, cap. *Obertura*) y un hombre que en ocasiones «[se] pon[e] desagradable» (*ib.*). Además, afectado por un cáncer, se muestra poco luchador y se da por muerto incluso antes de estarlo: «Estaba buscando un sitio tranquilo para morir» (*ib.*); «Le expliqué que probablemente estaría muerto antes de que acabara el año, y eso de buscar ocupaciones me importaba un carajo» (*ib.*). Sin embargo, el transcurso de los acontecimientos nos lleva a descubrir a un personaje que se encuentra en las antípodas de esta primera impresión: es un hombre muy sensible, con buen gusto literario y que siente un amor profundo por los demás, a los que siempre se muestra dispuesto a ayudar. Todo el mundo parece confiar en él de forma casi instintiva: Harry Brightman le cuenta su complicado pasado cuando se conocen; Lucy, que no quiere hablar, se atreve a confesarle que fue ella la que saboteó el coche; la H. P. M. le desvela muchas cosas sobre sí misma cuando él la aborda por primera vez en la calle, etc. Aunque le atribuye deliberadamente el puesto de héroe de la novela a su sobrino («Yo no soy el personaje principal de este relato. La distinción de llevar el título de protagonista de este libro corresponde a mi sobrino [...]», Auster 2006, cap. *Un encuentro inesperado*), es él, no obstante, el que salva a su sobrina de seis meses de encierro en su propia casa a manos de su fanático marido; y es también él el que le hace justicia a Harry tras su muerte y salva la librería.

TOM WOOD

Hijo de un cronista de economía del *New York Times*, Tom es un estudiante brillante cuyo futuro parece prometedor. Su tío Nathan es consciente de ello: «Era mi preferido, e incluso cuando era un renacuajo siempre me había parecido un fuera de serie, una persona destinada a lograr grandes cosas en la vida» (Auster 2006, cap. *Un encuentro inesperado*). Sin embargo, tras no encontrar la inspiración necesaria para acabar su tesis sobre literatura americana, decide renunciar a sus ambiciones y vuelve a Nueva York, donde se convierte en taxista antes de aceptar un puesto como redactor en el seno de una librería. Tom da la impresión de ser un joven perdido, ahogado en la desilusión y que, a sus veintiocho años, ya no espera nada de la vida. Un poco depresivo, prefiere fantasear con una transeúnte a la que ve todos los días sin atreverse nunca a abordarla antes que estar frente a frente con una mujer. Por suerte, el rencuentro con su tío cambia el curso de los acontecimientos y Tom acabará por encontrar su camino hacia la felicidad.

HARRY BRIGHTMAN

Tras de sus aires de maleante y a pesar de los indecentes actos que en el pasado le llevaron a la cárcel, Harry Brightman es un personaje encantador, generoso y leal, que posee un extraordinario gusto por la vida. Y es esta sed de evasión y la necesidad irreprimible de sentirse vivo lo que le lleva a tropezar una y otra vez con la misma piedra. Es cierto que hace falta una buena dosis de picardía y de talento para la manipulación para lograr estafar durante años a un público de aficionados a la pintura. No obstante, será la inocencia de este apasionado hombre lo que le precipitará a su ruina. Cuando su ex amante regresa para hacerle comprender la terrible venganza que ha tramado contra él, el corazón de Harry no soporta la traición ni las horribles palabras pronunciadas por Gordon sobre su persona y, preso de una cólera desmedida, muere. De todos los personajes de la novela, Harry Brightman es el único cuya búsqueda de la felicidad no acabará bien y se soldará con un terrible fracaso.

CLAVES DE LECTURA

EL PAPEL DE LA CIUDAD EN LA NOVELA

En *Brooklyn Follies,* la ciudad de Nueva York – y más en concreto el barrio de Brooklyn – está lejos pertenecer a un segundo plano anodino. De hecho, las principales referencias que se hacen sobre la ciudad se sitúan en lugares estratégicos de la novela: en el título (*Brooklyn Follies*), en la primera frase («Estaba buscando un sitio tranquilo para morir. Alguien me recomendó Brooklyn, de manera que al día siguiente [...] fui para allá a reconocer el terreno», Auster 2006, cap. *Obertura*). Además, la novela culmina durante un paseo por las calles de este barrio.

Se pone énfasis en el barrio de tal forma que se presenta como una ciudad, incluso como un país completo, con sus propios códigos, su propio acento, y que incluso posee su propia reina, Nancy. Brooklyn se plantea como el punto de partida al que, inevitablemente, siempre se acaba regresando. Para Nathan, por ejemplo, se trata del barrio de su infancia y, cuando cree que no le queda mucho tiempo de vida, él vuelve de forma natural al barrio: «Mis padres se habían ido de la ciudad cuando yo tenía tres años, pero el instinto me llevó al barrio donde habíamos vivido, arrastrándome como un perro herido al lugar donde nací» (*ib.*). El regreso a Brooklyn es sinónimo de un retorno lógico a los orígenes, es una necesidad vital que aflora cuando las cosas van mal: «[...] me resultaba difícil imaginar cómo iba a salir adelante. De ahí Brooklyn. De ahí el inconsciente regreso al lugar donde había empezado mi historia» (*ib.*). Tom, por su parte, vuelve a Nueva York después de renunciar a sus ambiciones y de haber fracasado ahí donde creyó que tendría éxito: «El trabajo no era como para enorgullecerse, prosiguió Tom, pero sí mejor que conducir un taxi, cosa que había hecho al dejar el doctorado y volver a Nueva York» (Auster 2006, cap. *Adiós a la corte*). En ambos casos, la ciudad de Nueva York representa una suerte de refugio, un lugar de consuelo al que uno vuelve para volver a encontrarse. Analógicamente, en la búsqueda de identidad que emprenden los personajes de la novela, la ciudad simboliza la fuente, el *yo* interior de cada uno de ellos.

En cuanto a la H. M. P., se la describe como una madre cariñosa, dotada de una belleza y de un encanto excepcionales, y sus atributos se elogian constantemente. ¿Es casualidad que el capítulo que se le dedica se llame *La reina de Brooklyn*? ¿No será este personaje la encarnación misma de la ciudad?

Por último, en la lectura de las últimas líneas de la novela, podemos pensar que la elección de la ciudad está también relacionada con el deseo del autor de rendirle un desgarrador homenaje a Nueva York tras los terribles atentados del 11 de septiembre de 2001. La indiferencia, el equilibrio restablecido y el amor que reinan entre todos los personajes al final de la obra nos invitan a despedirnos de una ciudad que, invadida por la nostalgia, nunca volverá a ser la misma.

EL TRIUNFO DE LA FAMILIA

El libro comienza sumido en un clima familiar caótico en el que la familia ya no existe: Nathan acaba de divorciarse, ha reñido con su hija y acaba de perder a su hermana. Es esta muerte, de hecho, la que acaba por dividir a la familia: «Después del entierro perdí el contacto con la familia» (Auster 2006, cap. *Un encuentro inesperado*). En lo que a Tom respecta, las cosas no van mucho mejor: una madre fallecida, un padre ausente, una hermana a la deriva a la que ve muy de vez en cuando y ninguna mujer a su lado. Sin embargo, el elemento que desencadena el relato es el feliz rencuentro de un tío con su sobrino. Su relación se basa en el respeto mutuo, la tolerancia y la confianza. Nathan admira a su sobrino y está decepcionado por su fracaso; no obstante, no le juzga en ningún momento. Más bien al contrario: intenta comprender qué fue lo que le llevó a Tom a elegir ese camino, y no escatima en elogios hacia su persona –como prueba, el hecho de que le otorga el papel de personaje principal del relato.

A pesar de que al principio la familia se compara a un peligro («No niego que también tenga mis malos momentos, pero todo el mundo sabe los peligros que acechan tras la puerta cerrada de la vida familiar», dice Nathan en el capítulo *Obertura*), esta se encuentra en el centro de todas las aventuras que se narran en el libro. Allá donde normalmente esperaríamos encontrar una relación amistosa, jerárquica o similar, sobresale una y otra vez un sentimiento familiar. La opinión de Harry cuando conoce a Nathan, el tío de su empleado, lo demuestra: «Tom conoce todo mi pasado, y lo que Tom sabe, quiero que tú también lo sepas. Para mí, Tom es como de la familia, y al ser pariente de Tom, tú también eres de la familia» (Auster 2006, cap. *En carne y hueso*).

De esta forma, en una novela en la que cada personaje se

enfrenta constantemente a grandes problemas existenciales –Nathan a su enfermedad, Tom es una vieja gloria «con [solo] veintiocho años», Aurora lleva una vida de excesos, Harry lucha sin tregua contra los demonios de su pasado–, la familia se dibuja finalmente como el único valor en el que confiar. Es la salvadora y si todos los personajes logran salir adelante es gracias a los lazos familiares que les unen o a los que ellos mismos han sabido recrear. De hecho, al final de la obra tiene lugar una verdadera apoteosis familiar, con la aparición de una serie de acontecimientos que solo giran alrededor de ese tema: Lucy se reencuentra con su madre; Nathan se reconcilia con su hija y conoce a una mujer (como se trata de la madre de la H. M. P., se convierte en el padrastro de esta); la H. M. P. inicia una relación con Aurora, la hermana de Tom; este funda una familia con Honey, etc.

LA IMPORTANCIA DE LA CASUALIDAD

¿Existe realmente la casualidad? Paul Auster deja esta cuestión en manos del lector. Sin embargo, hay algo que es cierto: la omnipresencia de la casualidad se sitúa en el corazón de la novela y sirve de motor de la historia, que comienza cuando Nathan se encuentra «por casualidad» con su sobrino en una librería de segunda mano de Brooklyn (eran vecinos sin saberlo). Las coincidencias se suceden a lo largo de la historia: la joven con la que fantasea Tom todas las mañanas trabajó hacía varios años en aquella misma librería, esa misma joven coincide por casualidad con Harry cuando a este le da un infarto, etc.

En *Brooklyn Follies*, las coincidencias tienen casi siempre un final feliz y benefician a los personajes, aunque podríamos pensar que se trata más bien del destino. No obstante, la casualidad es también sinónimo de lo imprevisto, como esa extraordinaria mañana en la que la pequeña Lucy llega a casa de Tom y transforma por completo el curso de los acontecimientos. En efecto, será este hecho el que derivará en la estancia en el Hotel Existencia y en el matrimonio de Tom, entre otras cosas.

La persistente presencia de la casualidad en las numerosas peripecias de la novela no impone una visión pasiva sobre la vida y sobre el destino, sino que nos invita a reflexionar sobre los mismos.

PISTAS PARA LA REFLEXIÓN

ALGUNAS PREGUNTAS PARA PROFUNDIZAR EN SU REFLEXIÓN...

- ¿Qué papel(es) importante(s) desempeña la imaginación en la vida de los personajes principales?
- ¿Qué relación tiene Tom Wood con las mujeres? Según usted, ¿a qué se debe?
- ¿Qué representa el Hotel Existencia tal y como lo describen los personajes en el capítulo *Cenando y bebiendo*?
- Este análisis evoca como temas principales de la novela la ciudad de Nueva York, la familia y la casualidad. Según usted, ¿qué otras temáticas, igualmente importantes, se abordan en la obra? ¿En qué medida son importantes?
- ¿Qué critica exactamente el autor en *Brooklyn Follies*?
- Según usted, ¿por qué Harry Brightman es el único personaje de la historia cuya búsqueda de la felicidad tiene un final trágico? ¿Cómo analizaría usted este fracaso?
- ¿De qué forma es *Brooklyn Follies*, sin lugar a dudas, una novela moderna?
- ¿Qué representa la literatura para Tom y para Nathan?
- Según usted, ¿presenta la novela una visión optimista o más bien pesimista de la vida? Justifique su respuesta.
- ¿De qué manera podemos afirmar que Lucy es el personaje clave de la obra?

¡Su opinión nos interesa!
¡Deje un comentario en la página web de su librería en línea,
y comparta sus favoritos en las redes sociales

PARA IR MÁS ALLÁ

EDICIÓN DE REFERENCIA

- Auster, Paul. 2006. *Brooklyn Follies*. Traducido por Benito Gómez Ibáñez. Barcelona: Editorial Anagrama.

ResumenExpress.com